Verás que somos islas

MUSEO SALVAJE
Colección de poesía
Homenaje a Olga Orozco

Homage to Olga Orozco
Poetry Collection
WILD MUSEUM

Hector Geager

Verás que somos islas

Nueva York Poetry Press

Nueva York Poetry Press LLC
128 Madison Avenue, Office 2RN
New York, NY 10016, USA
Telephone number: +1(929)354-7778
nuevayork.poetrypress@gmail.com
www.nuevayorkpoetrypress.com

Verás que somos islass

© 2025 Hector Geager

ISBN-13: 978-1-966772-97-2

© *Poetry Collection*
Wild Museum 79
(Homage to Olga Orozco)

© Publisher & Editor-in-Chief:
Marisa Russo

© Editor:
Francisco Trejo

© Blurb:
Javier Hoyos

© Cover Designer:
William Velásquez Vásquez

©Author's Photographer:
Author's Personal Archive

Geager, Hector
Verás que somos islas, 1ª ed. New York: Nueva York Poetry Press, 2025, 110 pp. 5.25" x 8".

1. Dominican Republic Poetry.   2. Latin American Poetry.

All rights reserved. No part of this publication may be reproduced, distributed, or transmitted in any form or by any means, including photocopying, recording, or other electronic or mechanical methods, without the prior written permission of the publisher, except in the case of brief quotations embodied in critical reviews and certain other non-commercial uses permitted by copyright law. For permissions contact the publisher at: nuevayork.poetrypress@gmail.com.

Prólogo

Por: **Javier Hoyos Angulo**

Escribir estas líneas a manera de prólogo, representa para mí un compromiso y un honor muy grande, ya que la estatura académica y cultural del autor es notable, la reconozco; valoro su prestigio y agradezco su edificante amistad.

Al asomarme a sus textos, me encontré con una poesía rica en imágenes, íntima, atrapante, trabajada a partir de experiencias y visiones sobre la vida y su cotidianidad, sobre el yo y la nada, sobre el ser profundamente social y paradójicamente tan alejado de la convivencia pacífica. Un viaje poético que nos invita a reflexionar sobre la condición humana con todas sus contradicciones y complejidades.

Una poesía que piensa, que cuestiona, que canta, que mete el dedo en la llaga, que va más allá de la metáfora. Toca las galaxias y nos interroga, nos indica que cada ser tiene un alma, un cuerpo, una vida, una historia y sobre todo, un paisaje iluminado que le infunde su espíritu, a pesar de la desesperanza aprendida.

Nos dice: "El código QR / menú de la personalidad / escanéalo y verás que somos islas" Islas que se enganchan entre océanos de galaxias / …En el código QR / está la combinación del medio ambiente / la naturaleza y ahora la epigenética / con su activación y desactivación genética / codificación de nuestros antepasados /moldeadores automáticos de los porpresentes y porvenires / islas revueltas viajan ancladas en ahora / y miran en constancia atrás y adelante. En busca de sus destinos? / Buscan significado existencial?...

Su palabra emerge como un río subterráneo que cuestiona la complejidad de la condición humana. El tono de su voz es a la vez personal y universal, el poeta nos lleva a un viaje a través de los paisajes más íntimos de la existencia. "La poesía emerge de su sensibilidad, perceptiva, de su conciencia del ser, de su conciencia del otro, de su visión sobre la crisis del entorno y del deterioro humano y social y la esperanza de que estos cambien, de las impresiones que le dejan los hechos de la vida diaria y los seres anónimos en los espacios urbanos, de las diversas formas y huellas del amor".

Estos versos se convierten en un espejo que refleja la lucha interna entre la búsqueda de conexión y la necesidad de comunicar sus íntimas dudas. La poesía se erige como un espacio de introspección y cuestionamiento donde la realidad se desdobla en múltiples capas y la verdad se revela en la ambigüedad.

VERÁS QUE SOMOS ISLAS es una fascinante travesía por los estados del alma, un viaje revelador por los territorios misteriosos del hombre.

UNA LAVA OTOÑAL

Hay cosechas de emociones
en tu desequilibrio mental

Ficción la belleza
en removedor de maquillaje
cada vez que pereces
y los veranos son inviernos
donde florece la nieve de mis ensueños
y manantiales de pajas
alquimia fundidora

—Cosméticos son tu vida

Aunque parezca oler a cielo
debajo de las estrepitosas cejas cargas
un tsunami marginal e infantil
con furia por emerger
en un arrase de lápiz labial quebrado
y ceño fruncido
como capa tectónica temblorosa
volcán
lava otoñal

POR LA MALTRECHA PÉRDIDA

Ya mi boca ni recuerda el gusto de su nombre
se olvidó de masticar sus sílabas
no se deslizan por la garganta
con aquella suavidad de berenjena
que al pronunciarlo
su aspereza me dejaba
sonidos que se perdían
envueltos en aguas

Ya mi lengua no se impulsa
por la sed maltrecha de tragarla
fue tan efímero su sabor a pescado en lata
que es mejor hoy no abrirla

Dejar descansar
despensar su aroma a maquillaje
sulfuro y adrenalina la lascivia
e indigestión de salsa putanesca

Nombre revuelto en su mirada virada
así vive en el paladar con existencia rancia

Combinación de sabores huecos
famosa en tu silo mental
formación rocosa pelo-peine-porosa

AULLIDO DE HIENAS

En mi pobreza de sembrar maíz
me rebelé contra mí mismo
revolución contra amor propio
ejecución de autoestima

Agonizante entre mis brazos
ola desaparecida en la arena
cúmulo en el pecho
lluvia de féretros
canto de sirenas
—aullido de hienas comiéndome a mí mismo

Derroqué mi yo para ser tú
sequé el pozo de donde salían mis pensamientos
para vivir solo con tu propósito
con lo que era relevante para ti

Claridad? Ninguna!

Consomé de pollo
crema de calabaza
espesura de temporal
me perdía en la sombra del mar
era martillo y yo clavo

Precisión?

En mi arrebato místico
fui preciso en adorarte
en tu polo estético
pero fue estéril la sopa de cosechas
y moría cada atardecer
mientras otros recuerdos nacían
y me desalojaban de tu alquiler

Y yo queriendo habitar
en el paraíso de tu mente
Me descomponía
fragmentación molecular
Sabes lo que es sentirse gas después de ser
primavera sólida?

Como el tiempo
yo variable
una inteligencia artificial sin tasa fija
dependia de lo que estuviera haciendo
y podia acelerarme
o ralentizarme a voluntad

Me perdía en cualquier tiempo
y si no me hallaba
entonces buscaba hasta debajo de la singularidad
en la luna para encontrarte

Entendí la física de que después de la muerte
solo hay más muerte
y que en la posición de espíritu no se come

ABRIR

Entendí que salir de lo inocuo y oscuro
era encontrar un corazón para un cuerpo de lata
y pisar calles y avenidas con zapatos nuevos en
      los ojos
dejar el rencor la rabia y el odio del colesterol
que tapan mis venas y arterias de recuerdos
era navegar la sangre casi cuajada
casi arena y soledad de mi locura

EGO

Plantación de mariposas y plátanos dulces
tus miradas quietas
como un desierto de avenas remojadas
en leche de almendras
baja en calorías
no engorda ilusiones
tú él y yo
homogéneo con el Id
nosotros y ellos
sincrónico ego

Despertar cubano

Las lenguas salieron de mis ojos
relajamiento muscular
conmoción
arrebato de belleza en el paladar
al probar tu amanecer

Te amé desde los embelesos de mis miradas

ESPERÉ!

Y esperé
hasta que mi espera se secó al sol
y murió desolada
Y entendí que el bien y el mal debían superarse
Que el desprecio hería mi nariz
Que el asco torcía mi boca
Así asco y desprecio en la inmundicia caminaron
Con su mirada como tomate
se pasearon por mis días los recuerdos
Y el estómago se me reviró
cuando una rata salió a cantar
y sus notas me mordieron el alma
Y entendí que el bien era un desierto
que el mal apuñala con las horas
Así debían superarse
uno con lluvia
el otro a carcajadas

PARTÍCULAS DEL MAR

Romper el cristal de las pupilas
y salirse de ellas como un pájaro volando
grueso concepto
disperso sonido de miradas ya plumas ya escamas
yo sentado en la librería
mientras ella se para en el tiempo
un Genhinnom
pureza orgánica de infierno
corazón de palpitar gris
Montada en un instante su atención deriva
me apoyo en mis ojos y sigo su trayectoria
fijo en su cinturón de asteroides y me pregunto
Cuál es su sentido?
Es disperso su sentir astrofísico?
como un marlin detrás de la carnada mortal
se lanza para terminar
trofeo en las paredes de tantos pescadores
y me emperchó la quietud
y paciencia en las amoebas

Yo en profundidad celta o sajona
así se quedó
en la serenidad de su bullicio interior

La inconstancia

El hombre queda desubicado en la inconstancia
bien y mal
parecen crear equilibrio a primera vista
hombre afanador
no es así

Fracasada creación
intento fallido
no acepta el mal
el desequilibrio lo ejecuta
desbalance emocional
en la locura no hay cáncer
cáncer hay en la cordura
ella mata al hombre

Queso azul de aroma
salado mojo azul o verde
eso eres hongo exterminador
eres creador de rechazos
hombre fétido
ausencia de condiciones controladas
ausencia profana de elaboración
insoportable a mi olfato
insoportable tu sabor
lleno de agujeros violetas

Violetas de irregularidades húmedas
desliza tu olor vaca cabra oveja
poderosa fuerza de gravedad mental
se retuercen tu egoísmo y egocentrismo
hombre tarántula

No podrás escapar nunca de tu mal
por más que rece
y a tu creador lo adorne tu alabanza
el mal lo tiene tan en los huesos
que como feto a tu madre pateas y dolor le causa
hombre acepta tu maldad cada vez que te bañe
porque el agua se llevara tu cizaña

Somos la historia de la piel

El sol pasa su lengua por la historia de la piel
prueba el sabor oceánico
rancio de tantas caricias y manoseos

Se escucha el rechinar de la lengua
como bisagra que mendiga aceite
mi alma y la suya navegando
y escribiendo episodios a través de las
particularidades
de nuestras experiencias

Somos conciencia de la vida de nuestras mentes

Somos un solo ser viajante
experimentando la vida
solo conciencia experimentándose a sí misma
en numerosas formas y variaciones

Somos un universo con un fundamento físico
       o no?
No importa!

Somos unidad en la cadena de nuestra conciencia
trascendemos la individualidad del ser

y son las experiencias el conjunto de sentidos
    que nos unen
Todos somos uno?
O somos la singularidad de platitudes
acerca de amor acerca de paz
en nuestra profunda e inaceptable violencia
    de especie?

El inrestringible realismo de quienes somos
como la sombría aceptación de nuestra identidad
existencias conscientes somos

Es que nos podemos escapar de ser conscientes?
Vivir en sueños!
Sin importarnos las circunstancias
por todos los tiempos
sin medidas hasta el instante de aceptación
que la identidad sea nuestra consciencia

Así nos liberarnos del temor fundamental
de la existencia
la muerte
después de ella nada
nada en absoluto

La puerta cerrada

ISLAS QR

El código QR
menú de la personalidad
escanéalo y verás que somos islas

Islas que se enganchan entre océanos de galaxias
las islas asfixiadas de agua oxigenada
somos y soy yo!

Esas islas rodeadas de irracionalidades
por todos lados
olas de pensar estrellándose
detrás de sus perecimientos
en los granos de arenas agnotológicas
flotando en el espacio neurológico

Un código QR que afana en los puertos del
conocimiento
nos movemos de olvidos a porvenires de
        pasado mañana
y mañanas a hoyses
Es que todos atracan en un nosotros a la vez?
Por qué desoyen la melodía negra?
Será porque somos islas?
Tan mal?

La inercia no existe nunca ha existido
En el código QR
está la combinación del medio ambiente
la naturaleza y ahora la epigenética
con su activación y desactivación genética
codificación de nuestros antepasados
moldeadores automáticos de los porpresentes
       y porvenires
islas revueltas viajan ancladas en ahora
y miran en constancia atrás y adelante
En busca de sus destinos?
Buscan significado existencial?

Si ya está todo pre-programado
en el inconsciente colectivo
tajada de la mente compartida
archipiélago humano sincronizado

Vive tu destino! Pero disfruta el viaje!

La trascendencia de un estado al otro es lo real

Islas

QR

ESFUMARSE

Eres tú la cara que se disipa en humo
agua única de Florida de Murray y Larman
oxigena los recovecos de una memoria

El ruido del silencio es gris
con un bajo
a los conocimientos de la muerte
un sabor a duna agridulce

El silencio suena
y el universo tiene la consciencia acumulada
de todos los muertos
Derrumbes y vibraciones cuánticas
teoría del caos

La tierra envasa las vibraciones
que formaron el conocimiento del ayer
Podríamos acceder a algo que fue?
Cuál es el código de lo humano?

Historia tergiversada
Propósito?
Engaños
Tú

NO EXISTE EL UNIVERSO

Tiempo nuestro
de cada día que eres otra dimensión
complemento del espacio

Qué eres tiempo?
La distancia entre dos esferas que giran en
        oposición
aquellas que se separan en opuestas direcciones?

Quizás giran hacia arriba
Quizás giran hacia abajo
El tiempo tiene sabor a piña a helado de fresa
es niño adulto y viejo

Pueden las esferas probar ese tiempo?
Pueden las esferas tocar ese tiempo?
Sentirlo con los dedos?
Verlo?
Tragarlo
parar su influencia y el robo de los signos vitales?

Y así el universo como lo conocemos tú y yo
no existe

Ese tiempo creó un paralelismo de fondo negro
(no fue real)
Fundió el pasado y el futuro en este presente
Vivimos nuestras ilusiones
Realidades cercanas
Realidades que no existen en la lejanía para
        nosotros
Esas son las realidades de los que habitan
        lo lejano

Y el tiempo de dos esferas
desaparece en un agujero mental
precisión para ser específico
en nuestro agujero

DE LO QUE SOMOS

Muro
añejas incertidumbres de hamburguesa
sitiadas por papas fritas

Las comillas cierran el círculo abierto
como pétalos de algarabía y pepinillos

Porción de tierra rodeada
de una brillante oscuridad por todas partes
y por arriba y por abajo

El observador cambia lo observado
lo observado cambia su naturaleza
la realidad desaparece
no existe
Piensa en un sistema sembrador de molinos
quijotesco demoledor controlado de
      sanchopanzadas

El tomate y la lechuga
aumentan la incertidumbre del signo de ?
sobre las composiciones cuánticas

El ketchup disipa muy pocas dudas
abre un poco la puerta a lo oscuro
(a ese desierto de hostilidad hacia lo corriente)
mundanal
Somos sobras
una especie no tan especial en el medio de ondas
        cósmicas
brillante oscuridad

Cucarachas espaciales

Esto es lo que somos!

SINCRONIZACIÓN

Rojo como una langosta hervida
salió un bostezo del alma
se tapó la boca para no dejar salir la sorpresa
la sombra que no quería ser el rechazo de lo
        corriente
el mal de multitud que lo afligía
esa pandemia del nosotros

Entre rugidos con meta
la diferenciación deambula su pegajosa soledad
descamina profundamente las proyecciones
y al abrir los labios las deja perder
"el alma se desdibuja"
piensa
quiere encontrar sus sombras
de vieja noche perdida

COLAPSO

En su silla de ruedas se mueve
y penetra huesos
se duerme como con anestesia
"duermes alma"
"recuéstate en un ángulo del infinito"
genuflexiona para la desesperanza
haz gestos y mímicas de resurrecciones
de la gran resurrección
de aquel transformado en pan y vino
el esperado por los siglos de los siglos
mientras le comen su cuerpo
una y otra vez
los traviesos hazmerreires
esos comulgadores dominicales
o sabatinos
envilecimiento de las bendiciones
la reparten antes de pedir o engañar

Desincronización del alma
Es todo una ilusión
No existimos
O sí existimos?

Dudas y más dudas

Ya todo pasa
ya todo ha pasado
ya todo pasará
Sincronización de los tiempos verbales
colapsado en uno solo
el universo está vivo
es un ente en movimiento

BOGOTÁ

Un nudo en el cabello atraviesa el celaje
El cinturón de montañas en la cintura de Bogotá
Tentadora paciencia
trabajan los dedos del desamarre
suben esos peregrinos destejedores de nubes

Amable aire bogotano cuela mi nariz
Santa Fe mis pulmones
ciego Monserrate y su víacrucis
las miserias humanas del sufrimiento
cuando la suerte está echada
y el destino lo determina el padre
no se puede culpar a nadie

Ríos de aire fino
que desembocan en los remolinos mentales
      que soy

Cuando te miro y te admiro
Santa Fe de Bogotá
un enamorado más disuelto en tus sierras!

TRISTE TARDANZA

Atún despeluzado
espeluznantes anillos
torres de ilusiones

Los corazones rotos construyen idealizaciones
entre dos amantes
de un punto a otro

Separación de años
tiburones vuelan día a día
por cielos grises
y lluvias que hacen sentir erizos de fantasma
e imágenes peripatéticas

Las almas se cansan
y quieren salirse de las vidas huecas
hacer ecos en labios
fracasos virtuales
dedos que desilusionan anzuelos tristes
sin carnada

Es esta tarde púrpura
una famina
y yo un espantapájaros
pegado al horizonte

LOCURA

Sueños navegan en aguas turbulentas
revueltos en la teoría del caos

Escritas en las paredes de la mente
las palabras del silencio
omniverso fractal
inerte evolución

Inmersa en la búsqueda de una apertura
en el sistema de pensamiento
excepcionales ideas
para una especie equivocada

Mentes parasitarias
en tiempos confesionarios
y locuras sociales
virus de la mente despierta

Es que estamos involucionando!
Compuertas a lejanos sentimientos
y experiencias multicolores
en una carretera al infierno
del órgano que define nuestra personalidad
nuestra mente
X-factor cognitivo

LA PATINADORA

Andarás patinando la tristeza
como la montaña y yo
desde que nos alzamos
confluencia de dos placas tectónicas
distancia anómala

En espesa confusión
se atacha la idealización de apariencias
a debatir realidades
en la más fútil necedad
que un escarabajo en apareo
se hace figuritas el cuerpo
sobre la ternura
en su asfalto

Sospechosa perífrasis
las rimas repetidas
de las ruedas
el silencio plástico
lagrimea el empuje sonoro
pasa de puntillas
pasajera azul versificada
sobre hielo

Patina donde quieras
menos en altares
a nadie le interesa tu patinar
dicen que la carne barata
llena los supermercados
sismo efímero
irrelevante deslizar

PANÓPTICO

El sabor puro y fresco de la claridad
un ejemplo de antioxidante inteligente
y valiente poder puro

Ojo malvado que ilustra la maldad
en su máxima expresión numérica
reflexiona sobre cada próximo movimiento
trick o treat
only tricks

Humildad intelectual?
Qué es eso?
UFO
extraterrestre
viaja a la velocidad de la luz mental sin precisión

Expansión y expansión
existencia de conceptos shallow
huecos

Ausencia de profundidad
y lógica

Suposiciones y opiniones empíricas

Maravilla de prejuicios
tabúes
creencias de todos tipos
falacias

Ojo malvado

Ser humano?

EXTRAÑAMIENTO

Yo también he aprendido a que tú me hagas falta
a verte desde la uña rota
desde cada ángulo formando un círculo

He aprendido a extrañarte
Te amo también te amo
envasado en el vacío
entre dos puntos del espacio neutro

Te desamo amor y amoniaco
existencia oscura miradas perdidas

Entre un corazón y otro
una cuerda

Yo también he aprendido
a extrañar

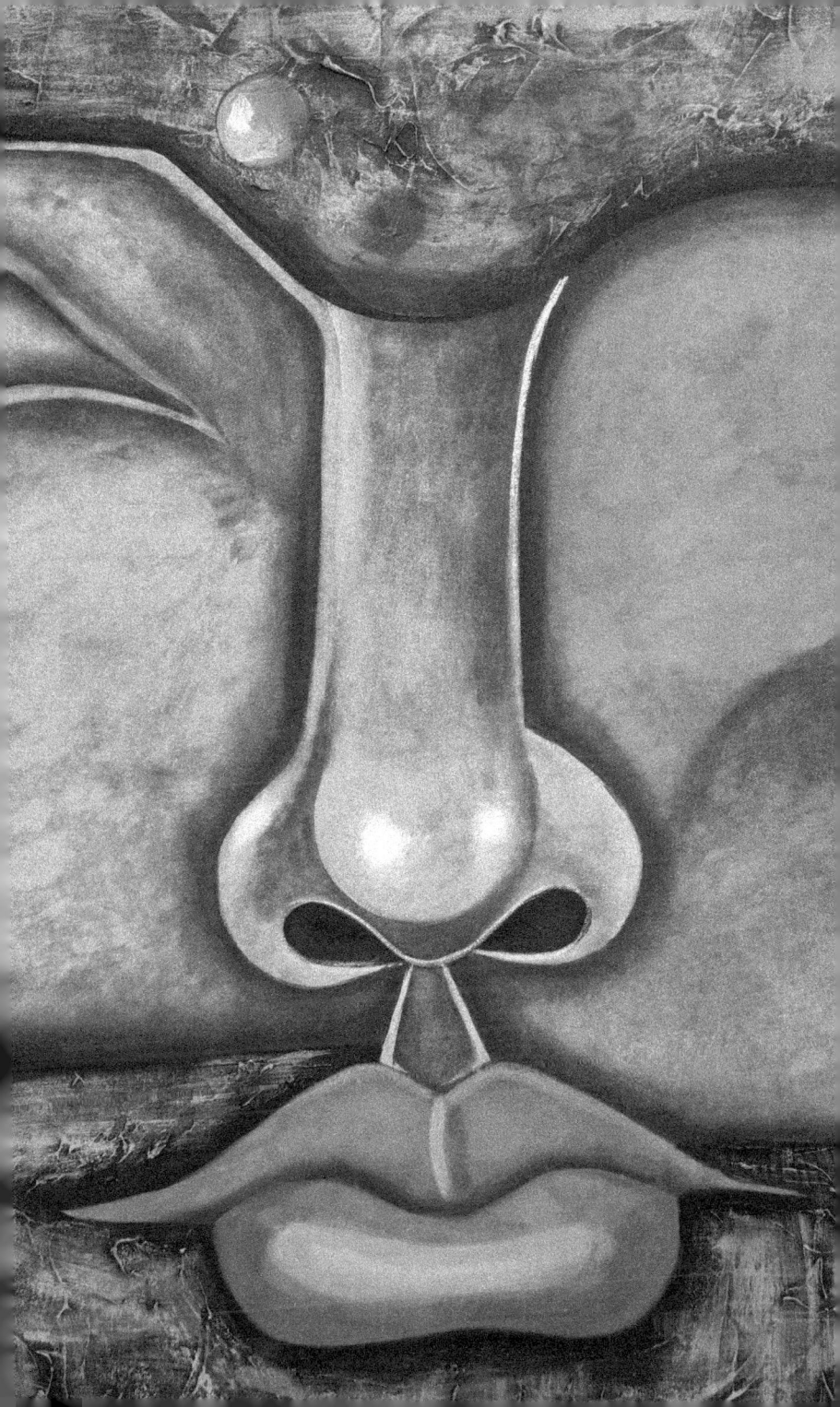

Acerca del autor

Hector Geager es escritor y profesor de Educación y Liderazgo. Ha ayudado a organizaciones a desarrollar e implementar sistemas internos de rendición de cuentas, implementar y gestionar el cambio en las organizaciones y establecer equipos de alto rendimiento a nivel empresarial. Formador de numerosos profesionales que construyen grandes equipos de negocios, al comprender cómo darse cuenta del papel del trabajo en equipo y la colaboración para lograr un alto rendimiento del personal a nivel organizacional. Algunos de sus premios y reconocimientos son: el Intelectual Fulbright 2009, el Premio SIMA Global Ambassadors Humanitarian action Award 2021, el Premio SIMA Global Leader of Year 2022, el The President of the United States' Life Time Achievement Award 2022 y el Doctorado Honoris y Causa, Madrid, España 2022. Es autor de los libros de poesía *El Subway, 30 poemas y una bachata, September Blue Jays, Como la muerte de una vela, Murmullos del observador, Brain, Heart and Quantum, El Rey de la Muerte* y *Verás que somos islas.*

ÍNDICE

Verás que somos islas

Prólogo · 11
Una lava otoñal · 15
Por la maltrecha pérdida · 17
Aullido de hienas · 19
Abrir · 25
Ego · 27
Despertar cubano · 29
¡Esperé! · 31
Partículas del mar · 33
La inconstancia · 35
Somos la historia de la piel · 39
Islas QR · 43
Esfumarse · 47
No existe el universo · 49
De lo que somos · 53
Sincronización · 57
Colapso · 59
Bogotá · 63
Triste tardanza · 65
Locura · 67
La patinadora · 69
Panóptico · 73
Extrañamiento · 77

Acerca del autor · 83

WILD MUSEUM
MUSEO SALVAJE
Latin American Poetry Collection
Homage to Olga Orozco (Argentina)

1
La imperfección del deseo
Adrián Cadavid (Colombia)

2
La sal de la locura / Le Sel de la folie
Fredy Yezzed (Colombia)

3
El idioma de los parques / The Language of the Parks
Marisa Russo (Argentina / EE.UU.)

4
Los días de Ellwood
Manuel Adrián López (Cuba / EE.UU.)

5
Los dictados del mar
William Velásquez Vásquez (Costa Rica)

6
Paisaje nihilista
Susan Campos Fonseca (Costa Rica)

7
La doncella sin manos
Magdalena Camargo Lemieszek (Panamá)

8
Disidencia
Katherine Medina Rondón (Perú)

9
Danza de cuatro brazos
Silvia Siller (México / EE.UU.)

10
Carta de las mujeres de este país
Letter from the Women of this Country
Fredy Yezzed (Colombia)

11
El año de la necesidad
Juan Carlos Olivas (Costa Rica)

12
El país de las palabras rotas / The Land of Broken Words
Juan Esteban Londoño (Colombia)

13
Versos vagabundos
Milton Fernández (Uruguay)

14
Cerrar una ciudad
Santiago Grijalva (Ecuador)

15
El rumor de las cosas
Linda Morales Caballero (Perú / EE.UU.)

16
La canción que me salva / The Song that Saves Me
Sergio Geese (Argentina)

17
El nombre del alba
Juan Suárez (Ecuador)

18
Tarde en Manhattan
Karla Coreas (El Salvador)

19
Un cuerpo negro / A Black Body
Lubi Prates (Brasil)

20
Sin lengua y otras imposibilidades dramáticas
Ely Rosa Zamora (Venezuela / EE.UU.)

21
El diario inédito del filósofo vienés Ludwig Wittgenstein
Le Journal Inédit Du Philosophe Viennois Ludwig Wittgenstein
Fredy Yezzed (Colombia)

22
El rastro de la grulla / The Crane's Trail
Monthia Sancho (Costa Rica)

23
Un árbol cruza la ciudad / A Tree Crossing The City
Miguel Ángel Zapata (Perú/ EE.UU.)

24
Las semillas del Muntú
Ashanti Dinah (Colombia / EE.UU.)

25
Paracaidistas de Checoslovaquia
Eduardo Bechara Navratilova (Colombia)

26
Este permanecer en la tierra
Angélica Hoyos Guzmán (Colombia)

27
Tocadiscos
William Velásquez (Costa Rica)

28
De cómo las aves pronuncian su dalia frente al cardo /
How the Birds Pronounce Their Dahlia Facing the Thistle
Francisco Trejo (México)

29
El escondite de los plagios / The Hideaway of Plagiarism
Luis Alberto Ambroggio (Argentina / EE.UU.)

30
Quiero morir en la belleza de un lirio /
I Want to Die of the Beauty of a Lily
Francisco de Asís Fernández (Nicaragua)

31
La muerte tiene los días contados
Mario Meléndez (Chile)

32
Sueño del insomnio / *Dream of Insomnia*
Isaac Goldemberg (Perú / EE.UU.)

33
La tempestad / *The tempest*
Francisco de Asís Fernández (Nicaragua)

34
Fiebre
Amarú Vanegas (Venezuela)

35
63 poemas de amor a mi Simonetta Vespucci
63 Love Poems to My Simonetta Vespucci
Francisco de Asís Fernández (Nicaragua)

36
Es polvo, es sombra, es nada
Mía Gallegos (Costa Rica)

37
Luminiscencia
Sebastián Miranda Brenes (Costa Rica)

38
Un animal el viento
William Velásquez (Costa Rica)

39
Historias del cielo / *Heaven Stories*
María Rosa Lojo (Argentina)

40
Pájaro mudo
Gustavo Arroyo (Costa Rica)

41
Conversación con Dylan Thomas
Waldo Leyva (Cuba)

42
Ciudad Gótica
Sean Salas (Costa Rica)

43
Salvo la sombra
Sofía Castillón (Argentina)

44
Prometeo encadenado / Prometheus Bound
Miguel Falquez Certain (Colombia / EE.UU.)

45
Fosario
Carlos Villalobos (Costa Rica)

46
Theresia
Odeth Osorio Orduña (México)

47
El cielo de la granja de sueños / Heaven's Garden of Dreams
Francisco de Asís Fernández (Nicaragua)

48
hombre de américa / man of the americas
Gustavo Gac-Artigas (Chile / EE.UU.)

49
Reino de palabras / Kingdom of Words
Gloria Gabuardi (Nicaragua)

50
Almas que buscan cuerpo
María Palitachi (República Dominicana / EE.UU.)

51
Argolis
Roger Santivañez (Perú / EE.UU.)

52
Como la muerte de una vela
Hector Geager (EE.UU. /República Dominicana)

53
El canto de los pájaros / Birdsong
Francisco de Asís Fernández (Nicaragua)

54
El jardinero efímero
Pedro López Adorno (Puerto Rico / EE.UU.)

55
The Fish o la otra Oda para la Urna Griega
Essaú Landa (México)

56
Palabrero
Jesús Botaro (Venezuela / EE.UU.)

57
Murmullos del observador
Hector Geager (EE.UU. / República Dominicana)

58
El nuevo gusano saltarín
Isaac Goldemberg (Perú / EE.UU.)

59
Tazón de polvo
Alfredo Trejos (Costa Rica)

60
Si miento sobre el abismo / If I Lie About the Abyss
Mónica Zepeda (México)

61
Después de la lluvia
After the Rain
Yrene Santos (República Dominicana / EE.UU.)

62
De plomo y pólvora. Poesía de una mente bipolar
Of Lead and Gunpowder. Poetry of a Bipolar Mind
Jacqueline Loweree (México / EE.UU.)

*

New Era:
Wild Museum Collection & Arts
Featuring Contemporary Hispanic American Artists

63
Espiga entre los dientes
Carlos Calero (Nicaragua / Costa Rica)
Cover Artist: Philipp Anaskin

64
El Rey de la Muerte
Hector Geager (EE.UU. / República Dominicana)
Cover Artist: Jhon Gray

65
Cielos que perduren
José Miguel Rodríguez Zamora (Costa Rica)
Cover Artist: Osvaldo Sequeira

66
Por el mar, con los monstruos de Ovidio a otra parte
Francisco Trejo (México)
Cover Artist: Jaime Vásquez

67
Los vínculos salvajes
Juan Carlos Olivas (Costa Rica)
Cover Artist: Jaime Vásquez

68
Una conversación pendiente
Unfinished Conversation
Juana Ramos (El Salvador / EE.UU.)
Commemorative Edition:
VII Aniversity of Nueva York Poetry Press

69
La quinta esquina del cuadrilátero
Paola Valverde Alier (Costa Rica / España)
Cover Artist: Jaime Vásquez

70
El evangelio del dragón
Luis Rodríguez Romero (Costa Rica)
Cover Artist: Osvaldo Sequeira

71
Un fragor de torres desgajadas
A Roar of Tumbling Towers
Miguel Falquez-Certain (Colombia / EE.UU.)

72
El ombligo de los pájaros
Francisco Gutiérrez (Costa Rica)
Cover Artist: Juan Carlos Mestre

73
Apuntes para un náufrago
Paul Benavides (Costa Rica)
Cover Artist: Jaime Vásquez

74
Me sobran noviembres
Osiris Mosquea (República Dominicana / EE.UU.)
Cover Artist: Jimmy Valdez

75
El profundo abismo de mi sombra
Carlos Velásquez Torres (Colombia / EE.UU.)
Cover Artist: Jorge Posada

76
Versus
Jorge Martín Blanco (Argentina)

77
Un niño que nació para ser río
A Child Born to Be a River
Dennis Ávila (Honduras / Costa Rica)

78
A la sombra de tus alas & siete parábolas
Gabriel Chávez Casazola (Bolivia)
Cover Artist: Nicole Vera Comboni

79
Verás que somos islas
Hector Geager (EE.UU. / Rep. Dominicana)

POETRY
COLLECTIONS

ADJOINING WALL
PARED CONTIGUA
Spaniard Poetry
Homage to María Victoria Atencia (Spain)

BARRACKS
CUARTEL
Poetry Awards
Homage to Clemencia Tariffa (Colombia)

BORDERLAND / *LA FRONTERA*
Hybrid Poetry
(Spanish - English)
Homage to Gloria Anzaldúa
(U.S.A Chicana Author)

CROSSING WATERS
CRUZANDO EL AGUA
Poetry in Translation (English to Spanish)
Homage to Sylvia Plath (United States)

DREAM EVE
VÍSPERA DEL SUEÑO
Hispanic American Poetry in USA
Homage to Aida Cartagena Portalatín (Dominican Republic)

FEVERISH MEMORY
MEMORIA DE LA FIEBRE
Feminist Poetry
Homage to Carilda Oliver Labra (Cuba)

FIRE'S JOURNEY
TRÁNSITO DE FUEGO
Central American and Mexican Poetry
Homage to Eunice Odio (Costa Rica)

INTO MY GARDEN
English Poetry
Homage to Emily Dickinson (United States)

I SURVIVE
SOBREVIVO
Social Poetry
Homage to Claribel Alegría (Nicaragua)

LIPS ON FIRE
LABIOS EN LLAMAS
Opera Prima
Homage to Lydia Dávila (Ecuador)

LIVE FIRE
VIVO FUEGO
Essential Ibero American Poetry
Homage to Concha Urquiza (Mexico)

REVERSE KINGDOM
REINO DEL REVÉS
Children's Poetry
Homage to María Elena Walsh (Argentina)

STONE OF MADNESS
PIEDRA DE LA LOCURA
Personal Anthologies
Homage to Alejandra Pizarnik (Argentina)

TWENTY FURROWS
VEINTE SURCOS
Collective Works
Homage to Julia de Burgos (Puerto Rico)

VOICES PROJECT
PROYECTO VOCES
María Farazdel (Palitachi) (Dominican Republic)

WILD PAPERS
PAPELES SALVAJES
Latin American Poetry
Homage to Marosa Di Giorgio (Uruguay)

WILD MUSEUM
MUSEO SALVAJE
Latin American Poetry
Homage to Olga Orozco (Argentina)

INTERNATIONAL POETRY AWARD
PREMIO INTERNACIONAL DE POESÍA NYPP
Award Winning Authors
Homage to Feature Master Poets

OTHER COLLECTIONS

Fiction
INCENDIARY
INCENDIARIO
Homage to Beatriz Guido (Argentina)

Children's Fiction
KNITTING THE ROUND
TEJER LA RONDA
Homage to Gabriela Mistral (Chile)

Drama
MOVING
MUDANZA
Homage to Elena Garro (México)

Essay
SOUTH
SUR
Homage to Victoria Ocampo (Argentina)

Non-Fiction/Other Discourses
BREAK-UP
DESARTICULACIONES
Homage to Sylvia Molloy (Argentina)

For those who like Olga Orozco believe that "a word on the back of the world allows the enemy to advance," and who like her recognize that "half of desire is barely that, half of love is only a measure," this book was published in Manhattan on November 2025, as part of the Wild Museum Collection by *Nueva York Poetry Press*, in homage to her voice.

www.ingramcontent.com/pod-product-compliance
Lightning Source LLC
Chambersburg PA
CBHW032332110426
42744CB00036B/235